Hans-Eckehard Bahr · Verena Kast
Lieben – loslassen und sich verbinden

Hans-Eckehard Bahr
Verena Kast

LIEBEN

loslassen und sich verbinden

Kreuz Verlag

Dieses Buch ist auch als Hörbuch erschienen.
Blinde können es kostenlos entleihen.
Auskunft erteilt die
Arbeitsgemeinschaft der Blindenhörbüchereien e.V.
Am Schlag 6, 35037 Marburg
Telefon: 06421/686146

10 11 12 13   99 98

© 1990 Dornier Rechte + Lizenzen AG.
Zürich
Alle deutschsprachigen Rechte
beim Kreuz Verlag Stuttgart
Umschlaggestaltung: Jürgen Reichert, Stuttgart
Foto V. Kast: Ruedi Staub, Egg
Gesamtherstellung: Wilhelm Röck, Weinsberg
ISBN 3 7831 1025 4

Inhalt

Vorwort

Die Liebe ein sterbender Gott? Die Hoffnung auf Glück – ein romantischer Mythos, durch die Erfahrung zerstört? So hören wir alarmiert aus kirchlichen Beratungsstellen, aus der Praxis psychotherapeutischer Krisenbehandlung. Katastrophen-Tenor, wenn von der Liebe und ihrem gegenwärtigen Schicksal die Rede ist.

Wir mißtrauen dieser schwarzen Musik, möchten genauer hinsehen, eine andere Sicht riskieren: Wieviel Neues wird im Loslassen des Bisherigen frei? Welche Reichtümer des Lebens entdecken wir heute, in dieser angeblich alles auflösenden Dynamik?

Wir haben auf dem Deutschen Evangelischen Kirchentag in Berlin 1989 versucht, diesen Fragen nachzugehen. Ermutigt durch heftigen Widerspruch und durch viel Zustimmung stellen wir das Gesagte jetzt in erweiterter Form zur Debatte.

HANS-ECKEHARD BAHR   VERENA KAST

Hans-Eckehard Bahr

LIEBEN UND SICH VERBINDEN

Seit Mitte der fünfziger Jahre steigt die Zahl der Scheidungen ständig an. In den großen Städten gehen wir auf die 50-Prozent-Marke zu«, resümiert der Stuttgarter Paar-Therapeut Hans Jellouschek. Eiswüste der Statistik. Aber was verbirgt sich in jedem Einzelfall dahinter? Wieviel Schmerz – wieviel Ausbruch ins Freie? Noch keine Zahlen bisher über die Trennung nicht-ehelicher Lebensgemeinschaften. Dunkel vor allem über den Ehen, die äußerlich verbunden bleiben, aber innen los sind.

Die Liebe ein sterbender Gott? Die Hoffnung auf Glück – ein romantischer Mythos? Durch die Erfahrung kontinuierlich zerschmettert? So hören wir alarmiert aus kirchlichen Beratungsstellen, aus der Praxis psychotherapeutischer Krisenbehandlung. Auch »die Sexualität«, behauptet Sam Keen, Theologe und Therapeut aus San Francisco, »der wir uns in die Arme warfen, um uns für unsere Enttäuschung mit der Liebe zu entschädigen, bricht unter der Last unserer Erwartungen zusammen.«[1]

Unkenrufe dieser Art dringen seit Jahren durch den Blätterwald. Katastrophen-Tenor, wenn von der Liebe und ihrem Schicksal in diesen Jahren die Rede ist.

Von »massenhaftem Scheitern« (Hans Jellouschek) hören wir.

Ich mißtraue dieser schwarzen Musik, möchte genauer hinsehen, einen eigenen Blick riskieren. Ich bin – erstens – neugierig darauf, wieviel Neues im Loslassen des Bisherigen frei wird, was wir heute an Reichtümern des Lebens neu entdecken, in dieser angeblich alles auflösenden Dynamik. Und zweitens: Ich sehe manchen Vertreter der offiziellen Kirchen und manchen Repräsentanten der neu-konservativen Behörden in unserem Land hilflos moralisch oder gar autoritär beim Anblick des Neuen. Von Memmingen bis hin zu Woitylas Rom eine Phalanx von Biedermännern, die als Brandstifter wirken. Wird die christliche Freiheit wieder einmal am meisten gefährdet durch diejenigen, die sie besorgt bewahren wollen? »Es wäre oberflächlich, im Zusammenbruch tradierter Werte, in der Krise der

Familie... einfach nur ein moralisches Problem zu sehen, das gelöst werden könnte, wenn eine selbsternannte moralische Mehrheit mit ›gesundem Volksempfinden‹ wieder sittliche Maßstäbe setzt«, schreibt Dorothee Sölle.[2] Die Erschütterung der tradierten Werte ist ja die Folge eines ganzen Systems, das den Profit höher wertet als die Lebensqualität der Menschen. Geld, Macht- und Luststreben – dieses System hat alle unsere Beziehungen verändert und unsere Beziehungsfähigkeit verkümmern lassen.

Was durch diese politisch sozialen Umstände dem einzelnen zugefügt wird, das kann eigentlich auch nur dort, nämlich politisch aufgehoben werden, durch eine tiefe Änderung dieser krank machenden Politik- und Technikstrukturen. Andererseits: Wer selber von einer kritischen Situation betroffen ist, kann ja nicht warten, bis das große Ganze sich ins Menschenfreundliche verwandelt. Er muß sich selber helfen. Wie sehen diese neuen Versuche der Selbsthilfe aus?

Abschiedsbewußt und daher lebensvoll?

Mein erster Blick: Kreta Südküste, Agia Galini, Hotelpension Candia. Der junge Mann auf der Dachterrasse. Wie liebevoll er mit der Schwarzhaarigen umgeht. Er zeigt ihr Brettspiele. Er kocht. Er lächelt, wenn sie nörgelt. Ein schönes Paar. Drei Tage später treffe ich ihn unten am Hafen im Café. Allein. Wo ist die Freundin? Weg. Hat ihre Reise fortgesetzt; heute früh nach Festos weitergetrampt. Am 4. April fliege ich nach Toronto, lacht er über alle Zähne. Zu meinem Girl-friend.

Ich bin sprachlos. Keine Trauer aufkommen lassen, ins weitergehende Leben stürzen, mit geeisten Zangen hantieren. Ist es das? Der junge Mann: nicht wirklich sich einlassen auf die Liebe. Auch nicht für länger geliebt werden wollen, weil auch das abhängig macht? Ist es das? Nichts von sich selbst, seinem eigenen Leben dem anderen fortgeben wollen – nennt das nicht ein alter Text aus den Johannesbriefen »tot sein«? Wir fühlen von uns selber so wenig, weil wir so wenig von unserem Leben dem anderen fortgeben. Wieder sehe ich die zwei jungen Leute vor mir. Der Liebeswechsel der beiden, ist es nicht auch das andere: sich trennen können? Abschiedsbewußt und daher lebensvoll? Liebeswechsel: nur zynisch – oder Mut, loszulassen, Gruß an den morgigen Tag? In jener Altersphase ohnehin wichtig, wie jeder weiß. Abschiedsbewußt und daher lebensvoll?

Den Abschied einüben, Trennungen bestehen, loslassen können – eine noch immer anschwellende Lebenshilfe-Literatur will uns dazu verhelfen, angestrengt positiv. Lebenshungrig wie wir sind, fürchten wir uns aber vor dem, was da an Sich-Losreißen auf uns zukommt.

Männer insbesondere haben Angst davor, sich bewußt von Lebensphasen zu verabschieden, drängen eher fluchtartig ins Neue, illusionsoffen, immer in Furcht zu verlieren, was zu genießen sie ohnehin nicht vermochten.

Woher diese Unfähigkeit, sich bewußt zu verabschieden – von diesem Kind, von diesem einen Menschen, von diesen Lebens-Themen, diesem Arbeitsstil, diesem Haus, von dieser

Lebensphase? Woher die Unfähigkeit, loszulassen?

Eine mögliche Erklärung:
Die enge Mutter-Kind-Beziehung, die so erstmals in der bürgerlichen Gesellschaft begegnet, die intensive frühkindliche Bindung zur Mutter, die wir fast alle erleben, die extrem kindzentrierte Sozialisation in den ersten Lebensjahren, das alles führt dazu, daß wir eine solche enge Beziehung auch im Erwachsenenalter wiederholen wollen, jetzt endlich erleben möchten.[3]

Viele Eltern trauen ihren Kindern nicht zu, auf eigenes Risiko zu leben, weil sie, die Eltern, selber in ständiger Angst vor dem Risiko, vor »Wüsten«-Erfahrungen existieren. Die Eltern wollen ihre Kinder statt dessen möglichst lange bewahren, wagen nicht, sie aus dem Nest zu werfen.

Aber von einem bestimmten Alter an müssen die Kinder sich unweigerlich losbinden von den Eltern. Sonst können sie sich auch später nicht von Menschen verabschieden, bleiben anspruchsvoll wehleidig, fühlen sich ewig unbehaust. »Auf und davon«, denkt der Vater, wenn der Älteste plötzlich auszieht.

»Wir haben nur das Nachsehen, nach all den Jahren.« Wo eigentlich lernen die Eltern, einzuwilligen in den Schmerz der Trennung? In welcher Schule? In welcher Fortbildung? In welcher Kirche?

Die Unfähigkeit, loszulassen – woher? Eine zweite mögliche Erklärung:

Unsere religiöse Erziehung. »Wir haben hier keine bleibende Statt, sondern die zukünftige suchen wir«, hören wir am Sarg predigen. Das aber ist kein Text für eine Beerdigung, sondern fürs Leben, für die Konfirmation. Treue zur Familie, zur Heimat, zur deutschen Sprache, zur angeborenen Konfession, Verpflichtetheit gegenüber dem Angestammten, Anlehnung an Althergebrachtes – dazu hat die kirchliche Unterweisung der christlichen Religion seit Generationen in unserem Volk ein übriges getan. Verdeckt aber wurde die frühe Erfahrung des jüdischen Glaubens, daß es Manna geben wird, wenn wir in die Heimatlosigkeit geraten, daß Abrahams Weg, weg vom Land der Freunde, in ein neues unbekanntes Land, uns gerade befreien will dazu, daß wir diese Erde überall als Heimat erleben und erarbeiten dürfen.

Wüste und Manna

Als Eduard Heimann, der jüdische Sozialphi-
losoph, Anfang der sechziger Jahre aus den
USA, aus dem Exil zurückkommt, sagt er
mir im Hamburger Theologischen Seminar:
»Mein lieber junger Freund« – er sagt es au-
genzwinkernd – »ihr Protestanten, ihr Deutschen. Warum diese Heimatwehmut bei euch?
Das Eigenheim, die Kinder, meine Clique,
meine Freunde, mein Verein. So nimm denn
meine Hände. Die Zeit damals. Deutscher
Bienenhonig. Etwas Bleibendes weitergeben –
warum? Zuviel Stiefmütterchen, festgemauert
im Vorgarten.«

»Wissen Sie« – ich höre noch Eduard Hei-
manns Stimme –, »als ich 1933 in New York
ankam, verjagt aus Hamburg, ausgebürgert,
kein Wort Englisch, da habe ich mich monate-
lang zurückgesehnt nach den Fleischtöpfen
Ägyptens, bis ich merkte, daß ich ja hier lebe,
in der Wüste New York, und daß ich jeden
Tag so viel Freunde, so viel Essen und so viel
Heimat bekomme, wie ich an diesem Tag
brauche.« Eine elementare religiöse Erfahrung
wird da beschworen, die jüdische Geschichts-
erfahrung, die alte Erfahrung, vertrieben zu

sein, und die gleichzeitige Erfahrung vom Manna, das in der Wüste regnet, jeden Morgen, Manna für diesen einen Tag (Exodus 16).

Eduard Heimann in New York, verjagt aus Hamburg. Die Kinder Israel, unterwegs in der Sinai-Wüste, aus Ägypten ausgebürgert, dreitausend Jahre früher, sich zurücksehnend. In dieser Situation äußerer Bedrohtheit werden die Menschen aber nicht vom Himmel verlassen. Jeder bekommt soviel Nahrung, wie er jetzt, an diesem Tag braucht. »Jeder nach seinem Eßbedarf« (Buber). Nicht von innerer, spiritueller Tröstung ist die Rede, nein. Das Manna ist handfeste Nahrung, ein Naturprodukt der Sinaiwüste, kein übernatürliches Himmelsbrot. Als die Israeliten dieses Manna-Brot gesammelt hatten, das sich am Morgen rings um das Lager fand, »da hatte der, der viel gesammelt hatte, keinen Überfluß, auch der, der wenig gesammelt hatte, keinen Mangel; ein jeder hatte gesammelt, soviel er brauchte« (Exodus 16, 18). Da wird das Elementarste gewährt. Keiner hungert mehr. Die befreiende *message,* der helle Trompetenstoß dieser Erzählung: Gleiche Erfüllung elementarster Grundbedürfnisse für alle. Jeden Tag neu.

Ich höre daraus das jüdische Evangelium für

mich: Wir bekommen in unserer Lebenswüste soviel Kraft wie nötig, nicht weniger! Lust zum Leben. Nicht permanent, aber immer wieder. Trennungs-Schmerzen schwinden. Auch nicht immer. Aber immer wieder. Eine unerhörte Ökologie unseres Lebens. Und eine Erfahrung, die in extremer Gefahr hält. »Ich glaube, daß Gott uns in jeder Notlage soviel Widerstandskraft geben will, wie wir brauchen«, erklärt Dietrich Bonhoeffer 1944 im Gestapo-Gefängnis: »Aber er gibt sie nicht im voraus.«[4]

Gethsemane, Todesangst Jesu. Aber selbst da ist er nicht vaterseelenallein. Der Engel kommt, tröstet ihn (Lukas 22, 43). Manna, nicht nur Wüste. Eine zweite Erfahrung allerdings kommt in der Wüste hinzu: »Dann sprach Moses zu ihnen: Niemand hebe etwas von dem Manna auf bis zum Morgen! Aber sie gehorchten Mose nicht, sondern etliche hoben bis zum Morgen davon auf; da verfaulte es und wurde voller Würmer und stinkend. Mose aber ward zornig über sie. Und sie sammelten es jeden Morgen, ein jeder, soviel er brauchte; wenn aber die Sonne heiß schien, schmolz es« (Exodus 16, 19–21).

Eine strenge Warnung an uns Sicherheitssüchtige? Sorget nicht vor, wird es später heißen beim Jesus der Bergpredigt. Der morgige Tag wird schon für das Seine sorgen.

Das Manna, meine tägliche Grundnahrung: Heute morgen der kleine Beweis großer Freundschaft von dir, dann das Telefonat, das mich ernst nimmt, der Blick aus der U-Bahn. Das genügt, das kannst du nicht hamstern, auf die hohe Kante legen. Was mit einem alten Wort Gnade genannt wird, das läßt sich nicht horten. Liebe, Vertrauen, Traurigsein, das kannst du nicht kaufen. Du kriegst es geschenkt.

Ach ihr Deutschen – die uralte jüdische Manna-Geschichte lächelt mir zu – lebensversichert, wie ihr seid, bis zum Tode, diätenversorgt, lebensgerüstet, jeder Tag Hochsicherheitstag, Vollwertkost, auf fremde Tiere darf geschossen werden, für die Vernichtung der anderen zum Schutz des Eigenen ist wieder gesorgt seit dem Brüsseler NATO-Gipfel. Angst vor Blöße, Angst vor Abrüstung, Angst vor der Ungeschütztheit der Wüste. »Nie wieder Wüste!« schreit es unter dem Küchenfenster.

Eduard Heimann, 1933 in der Wüste New York. Die Kinder Israels, vor dreitausend Jah-

ren aus Ägypten ausgesiedelt mit Schlagstök-
ken. Sie haben die Kränkung erlitten. Nichts
wurde da freiwillig losgelassen. Die Wüste –
mit Gewalt wurden sie dahin gejagt. Dann
aber Manna. »Ich lebe gern hier«, schreibt
Eduard Heimann nach Jahren Amerika. Die
Kränkung, aus der alten Lebensgeschichte vertrieben zu sein, das bleibt. »Aber sie hat keine
Macht mehr über mich.«

Ich höre das und denke: In die Wüste
kommt jeder. Einmal, zweimal im Leben. Daß
ich das Manna wahrnehme, das ist eine Frage
meines Zutrauens zum Leben. Ach, verbinde
dich doch mit dem Manna, dann wirst du frei
von der Vorsorge, von der Rückwärts-Weh-
leidigkeit.

Wüstenlässig wirst du, mit Trauerflor. Abschiedsbewußt, daher lebensvoll. Heiter, jen-
seits der tragischen Blicke. Wir haben hier keine bleibende Statt? Aber die zukünftige finden
wir – jetzt.

Wo die Wüste – da das Manna? Automa-
tisch? Nein, das bleibt ein Satz letzter Hoffnung, nicht der pausbäckigen Gewißheit. Einer Hoffnung wie ein Gewitter. Und wenn es
die Luft gereinigt hat, ist es schon über alle
Berge weitergezogen. Diese alte Hoffnung

schlägt ein wie der Blitz, warnt Elias Canetti, einer der jüdischen Überlebenden. Manche machen daraus den Hund des Menschen, der kommt, wenn man pfeift. Aber man führe diese Dinge nicht an der Leine. Man lasse sie in ihrer fruchtbaren, in ihrer wunderbaren Wahrheit wachsen. »Es kann mir nichts geschehen – ich bin in größter Gefahr.« Nur mit dieser Formulierung kann ich vom Manna reden, von dem, was ich nicht habe, ohne das ich gleichwohl nicht leben kann.

Das junge Paar in Kreta, das Drei-Tage-Liebespaar, was kann es anfangen mit meiner Einladung zum Loslassen? Beide leben ja schon abschiedlich, werfen ja von allein schon die Liebe hin. Ex und hopp, cool bleiben, wenn die Verzauberung kommt?

Christa Wolf gibt ein Telefongespräch mit einer Enkelin wieder, geführt in den Tagen nach dem 26. April 1986, als ein »Störfall« zur Explosion in Tschernobyl führte: »Sie habe ihn – Mike, den neuen Freund – vorige Woche in der Disco kennengelernt. Er sei süß – blond oder schwarz? habe ich gefragt – schwarz natürlich. Blond käme überhaupt nicht in Frage. Man soll – nie nie sagen, habe ich gesagt und meine Mutter aus mir reden hören: Aber

Kind, ist das alles nicht ein bißchen früh? ...
Meine Güte, habe ich dann sagen müssen, als
die Tochter wieder am Apparat war. Passiert
jetzt alles ein, zwei Jahre früher, nicht? Sie be-
eilen sich eben, hat sie erwidert. Vielleicht
weiß etwas in ihnen warum.«

Wenn der junge Mann sich vor der Trauer
rettet durch den Flug nach Toronto, dann geschieht es in Panik. Um nur nicht die Sekunde
seiner Ersetzbarkeit zu spüren. Was das junge
Drei-Tage-Liebespaar in Agia Galini mir
zeigt, das ist – sicher – auch die Kälte in den
Beziehungen. Eine neue, völlig ungewohnte
Art von gestrecktem Tod: die Erfahrung tota-
ler Ersetzbarkeit jedes einzelnen draußen und
zu Hause, in Ehe und Beruf. Was verleiht uns
jetzt Dauer? In einer Gesellschaft, die nur pro-
duziert, um vorzeitig wegzuwerfen? Die jungen Leute in Kreta – ich sehe eine bruchstück-
hafte Geschichte ohne Dauer, ohne Entwick-
lung in der Beziehung. Die Liebe, die tiefer
geht, überläßt sich dem Schmerz, nimmt das
Verschwinden des Geliebten nicht hin, wei-
gert sich, ihn wegtauchen zu sehen in der bloßen Erinnerung, im melancholischen Foto, in
den weitergehenden Alltagsgeschäften.

Und ich sehe: Das Elend der Menschen in

den reichen Gesellschaften wird durch solches Nichtzulassen von Lebensgeschichte verwaltungsfähig gemacht. Ich fürchte, wenn mit der Kälte unserer Herzen gerechnet wird, dann sind unsere Herzen eben tatsächlich kalt (Günter Eich).

Die Ahnung unaufhaltsamer Entbehrlichkeit hat heute jeden erreicht. Deshalb wohl auch suchen die Bürger der reichen Gesellschaft, dieser Erfahrung ihrer Austauschbarkeit mehr und mehr außerhalb der Arbeitswelt zu entgehen. Im Glück persönlicher Liebeserfüllung, im Gelingen des Eros.

Viele Bürger haben in den letzten Jahren dem objektiven Zynismus dieses Wegwerf-Systems, freilich auf andere Weise, nämlich politisch, Paroli geboten. In kleinen Schritten, in Bürgerinitiativen.

Die aktiven Teilnehmer dieser Initiativen wissen besser als viele andere Bürger, wofür man lebt. Die Stimmung depressiver Heimatlosigkeit – bei ihnen ist sie geringer geworden. Bei ihnen, die sich an einer einzigen kleinen Stelle wenigstens identifizieren im Protest für die Schöpfung, die *sich verbinden* mit der Lebenslust gegen den Zynismus der Macher.

Sich verbinden mit der weitergehenden Be-

freiungsgeschichte, politisches Engagement,
Widerstand gegen Aufrüstung und Industrie-
welt, wie er versucht wird in den Bürgerinitiativen heute, das ist das eine. Erfüllung aber,
persönlich erwählt werden, hinwegkommen
über die elende Art, spurlos irgendwo zu verschwinden eines Tages, das alles gelingt eben
nur, wenn die Liebe gelebt wird. Politisches
Engagement ohne Basis in persönlicher Lie-
bes-Identität – das kann auf die Dauer nicht
tragen. Eine romantische Überforderung der
Herzensbeziehungen? Ja, man weiß es. Die
Strategie der Verklärung? Ja, man hört es im
Kopf. Das Glücksverlangen aber ist rebellisch,
es bleibt anarchisch, wilder als der Kopf.

Anzeichen einer anderen Glücksorientierung

Es gibt in unserer Gesellschaft, im Gegensatz zu den neuen Leidensphänomenen, viele Bewegungen, in denen Bedürfnisse *gegen* die herrschende Lebensorientierung zum Ausdruck kommen. Wir erleben eine intensive Suche nach Freundschaft, nach menschenfreundlichen Beziehungen. Und diese Suche – das ist das Neue – hat den Charakter einer öffentlichen Herausforderung auch für die politischen Strukturen angenommen.

»So nah und so weit ich zu sehen vermag, wird heute in Beziehungen, in Freundschaften und neuen Bindungen, in Ehen und was von ihnen übrig ist, die schwerste gesellschaftliche Arbeit geleistet«, notiert Adolf Muschg. »Die Bildung von politischem Bewußtsein verkleidet sich hier in das persönliche Problem und seinen Lösungsversuch: eine Massierung punktueller Systemveränderungen, die man sich wohl abgewöhnen muß, für ein privates

Phänomen zu halten. Was sich da zusammen-läppert an empfindlicher Praxis in neuen Lebensgemeinschaften aller Art, an täglich revidierten Verhaltensformen zwischen den Geschlechtern... geht der Gesellschaft anders an die Wurzel als systemverändernde Strategien, die auf der Höhe ihrer Theorie hängen bleiben.« Trotzdem oder gerade deshalb kommt es zur Überforderung der Liebe. Dem Glück geht die Luft aus.

Liebe deinen Nächsten wie dich selbst – das wäre, hört man, das Gegenprinzip. Gehe endlich aus von der Situation deines Partners, sagen uns Therapeuten, Seelsorger, Schwiegermütter. Aber was heißt das? Wissen wir nicht das Gegenteil? Zu einer stabilen Nähe mit dem anderen werde ich doch überhaupt erst fähig, sofern ich mich wohl fühle auch in meiner eigenen Lebensgeschichte, mir *selber* treu, nicht nur dem anderen.

Dem anderen treu sein –
mir selber treu werden?

Wie kann das zusammengehen? Das scheint mir seit Anfang der achtziger Jahre ein immer wichtigeres Thema zu werden. Liebesleidenschaft zu einem einzigen und die Nächstenliebe, Eros und Caritas, sind das nicht zwei grundverschiedene Verhaltensweisen? Erotische Liebe – ist sie nicht ihrer Natur nach auf das Ihre aus, gar nicht caritativ sozial, selbstlos wie die Tugend der Nächstenliebe?

Es scheint gegenwärtig zwei verschiedene Antwort-Variationen auf diese zentralen Fragen zu geben. Die eine Variation wäre:

Die Treue zum Partner

Verlaß und Freundlichkeit, das sind die Grundforderungen, denen wir uns zuerst widmen sollen, wünscht Hartmut von Hentig. Sich festhalten mit der Schutzgebärde gegenseitiger Tröstung, auch wenn das Feuer erloschen ist – so enden noch Ingmar Bergmanns »Szenen einer Ehe«. Ehebund, lebenslänglich, »bis daß der Tod euch scheidet«, obschon beide unter der nicht mehr glückenden Beziehung sprachlos leiden.

Das Sich-Festhalten um jeden Preis – auch Alexander Mitscherlich plädierte am Schluß seines Lebens für die lebenslange Verbindung. Sie sei ein konstruktiver Zwang, der wahrscheinlich bei vielen Menschen auch eine innere Ordnung schafft und vor Fluchttendenzen aus einer Krise der Lebensmitte behüten kann, die im Grunde andere Ursachen hat.

Dieses Ethos betont die unbedingte Solidarität, plädiert für Nächstenliebe, wenn die erotische Liebe das Paar verlassen hat. Man hat deshalb dieser Variation der Liebe oft die Aufrichtigkeit abgesprochen. Gegen solche Diskreditierung möchte ich jedoch daran erinnern: Solange ein Paar in innerer Bewegung bleibt, solange das Gefühl des Weiterwachsens da ist, solange ist es keineswegs erstorben, mag auch die körperliche Lust gewichen sein. Zärtlichkeit, Vertrautheit können in dieser Situation Indiz weiterhin bestehender Lebendigkeit sein. Tiefe, alles durchströmende Belebung freilich bleibt das entscheidende Kriterium, wenn man auch sich selber treu bleiben will.

Treue mir selbst gegenüber

Die zweite Weise, Treue und Eros zusammen zu leben – wie sieht sie aus? Treue – auch in dieser Variation des Zusammenlebens ist sie die entscheidende Tugend. Aber jetzt zunächst als Treue *mir selber* gegenüber, meinem inneren Lebensentwurf. Gelübdehafte Verpflichtung dem Partner gegenüber? Ja, wenn sie nicht Untreue mir selbst gegenüber mit sich schleppt. Die Wunde vergrößernd. »Um sich zu verwirklichen«, lehrt der Chassidismus, »muß der Mensch vor allem seinem tiefsten, wahrsten *Ich* treu bleiben; er könnte seinem Nächsten durch *Selbstverleugnung* nicht helfen.«[5] Liebe deinen Nächsten *wie dich selbst.* Das ist zunächst eine Einladung, zu sich selbst zu kommen, sich selbst als liebesfähig zu erkennen. Auch eine Einladung, die ebenso die reale Liebesfähigkeit jedes einzelnen bis in die biologische Grundausstattung voraussetzt.

Dem Verheißenen entspricht hier ein Wärmestrom in jedem Menschen. Jeder Mensch wird – so das Herzstück dieser jüdischen früh-christlichen Religion – mit der Fähigkeit zur Selbstliebe geboren und ist daher auch imstande, andere zu lieben. Liebe deinen Nächsten wie dich selbst – was ist aus dieser leisen Einladung Jesu geworden? Das schreckliche Miß-verständnis, diese Liebe sei ein Gebot – eine eiserne Moralforderung, ein Gesetz. Ein eiser-nes Gebot für die caritative Liebe allen Men-schen gegenüber ebenso wie für die erotische Liebe zweier Menschen.

Die fröhliche Einladung Jesu, mich selbst zu akzeptieren (»wie dich selbst«), wird in der kirchlichen Ehe-Theologie wie in der bürger-lichen Moral jedoch weithin halbiert und ent-stellt zum harten Gebot verordneter Näch-stenliebe zum erotischen Partner (»Du sollst«). Eros wird dann zur caritativen Verpflichtung – das zweite, jahrhundertealte Mißverständnis.

Imperativ verordnete Liebe wird denn auch seit jeher als seelische Bedrohung erlebt. Sie greift das Selbstvertrauen an. Man lernt dann schon als junger Mensch, sich selbst nicht zu lieben und andere zu fürchten, zu beneiden und zu idolisieren. Und – eine andere Folge – man möchte am späteren eigenen Partner wiedergutmachen, was man in der Kindheit erlitten hat, heilen, was er erlitten hat.

Eine tiefe, caritative Fürsorge tritt dann an die Stelle der erotischen Liebe. Die erotische Liebesleidenschaft wird dann in die Phantasie verschoben oder, mit einem anderen, Dritten, versucht, unter wachsenden Schuldgefühlen, die alle Betroffenen zerreißen, bis einer sich entscheidet, endlich. Außerdem: Mit Moralappellen, mit bloßen Aufforderungen zu liebendem Verhalten läßt sich nur schwer jemand loseisen von Selbsthaß, Ohnmacht, von Fürsorgezwängen und Muttersehnsüchten. Er müßte eine ganz andere Erfahrung machen, die Erfahrung des Zu-sich-selbst-Kommens in der Liebe zu zweit, im Eros. Er müßte konstruktive Ich-Du- und Wir-Beziehungen erfahren, in denen er selbst als gesteigert, als zutiefst lebendig erscheint.

Die Liebe zu mir selber, das schöne Selbstvertrauen, dazu komme ich erst, wenn ich mich geliebt erlebe von einem einzigen Menschen, nicht durch Moralappelle. Weil diese Liebe des anderen festhält an meiner Lebenskraft. Weil sie meine Stärke heraushebt, die versteckten Reichtümer freilegt, mich erweckt, mich steigert, zutiefst lebendig macht.

Eine Projektion? Wird da hineinphantasiert? Vergoldet? Angedichtet, wo im Grunde gar nichts ist? Das Wunder: Im Phantasieren geschieht natürlich Idealisieren des anderen. Aber zugleich auch das reale Freizaubern, Hervorlieben des vorher noch nicht Dagewesenen. Ach, wenn ich einen Menschen liebe, dann erkenne ich ihn gerade in seinen verborgenen Lebensmöglichkeiten, in seinen niedergehaltenen, verdrängten Kräften. Ich halte fest an seinem »Entwurf«, gerade wenn der Partner ihn nicht mehr sieht. Diese befreiende Liebe, sie läßt mich weit über mich hinauswachsen, schafft Lebenslust, stimuliert, animiert. Eros stimuliert Individuation.

Der junge Mann sagt: Ich gehe mit dieser Frau gerne aus, weil ich mich dann immer so toll finde. Eros: Szenerie ganz großer Bestätigung. Diese Belebung, Neugeburt, Bestätigung wollen wir uns – narzißtische Komponente – natürlich immer erhalten.

Wollen auch unsere eigene Liebespower spüren, wollen erleben: deine Belebung durch meine Belebung. In-spiration. In der Möglichkeit, solche Beziehungsträume zu haben, sehe ich die Kraft der Liebe. Aber, natürlich, solche Visionen der Liebe können nie ganz realisiert werden. Wir müssen sie jedoch in uns um alles in der Welt bewahren. Gerade weil diese tiefsten Sehnsüchte, unsere Visionen der Liebe später so oft geopfert werden.

Das aber ist heute das Fatale. Nicht wenige Therapeuten warnen gegenwärtig vor der romantischen Überforderung der Liebe, vor dem Beibehalten der Sehnsüchte. Ich denke, es wird Zeit, gerade die Unterforderung zu befürchten, das Klein-Beigeben, das Aufgeben der Sehnsucht und damit der Kraft, die Visionen zu realisieren. Nur wer hofft, wird dem Unverhofften begegnen.

Ich fasse also zusammen: Im Konflikt zwischen Nächstenliebe und erotischer Belebung – wie soll ich mich entscheiden? Dahin mich berufen lassen, wo ich lebendig werde. Das Faszinosum des Lebendigwerdens als das wichtigste Kriterium des Eros begreifen. Mir selber treu werden, demjenigen Partner mich anvertrauen, der mich von innen und außen am fühlbarsten belebt, »göttlich befeuert«.

Parteinahme für das zutiefst Belebende, das bedeutet der Liebe sich anvertrauen, nicht primär der fürsorglichen Treue.

Drei Einwände höre ich sofort. Der erste:

Einer Liebelei wegen, die mich – in meiner Einbildung – momentan göttlich befeuert, soll eine lebenslange Ehe aufgegeben werden? Der Liebe sich anvertrauen, vom bisherigen Partner sich trennen, dazu berechtigt in der Tat nur eine Liebe, die es auf Dauer ernst meint, die über jeden romantischen Enthusiasmus hinaus tragfähig geworden ist, ihrer selbst schonungslos gewiß, des anderen gewiß.

Der zweite Einwand: In die Liebe zu einem anderen sich flüchten, wenn der Partner plötzlich auf deine fürsorgliche Treue angewiesen ist? Freilich, Menschen, Paare, die eine sehr lange Lebensstrecke hindurch die Entzückungen der Liebe erfahren haben und die durch die Krankheit oder eine Behinderung des Partners aus dieser Dimension herausgerissen werden, sie werden die Lebensformen der Liebe als solidarische Treue, ja als Fürsorge glückssatt leben können. Im dimensionalen Unterschied zu jenen Paaren, die die Feuer der Liebe gar nicht verspürten in den Jahren ihres Zusammenseins. Zusammenbleiben nur aus wirtschaftlicher Überlebens-Notwendigkeit? Unter dem Diktat religiöser Schuldgefühle oder unter anderen, inneren Zwängen? Da ist die Einladung, endlich der Liebe sich angstfrei zu überlassen, immer auch eine Alternative der größeren Wahrhaftigkeit. Nur lebenslange Entbehrungen, nicht schon kurzfristige Einbußen allein legitimieren aber auch in solchem Fall den Schritt ins Freie.

Der Liebe sich anvertrauen? Wie aber, wenn sich gar kein Gegenüber für meine Liebes-Sehnsucht findet? Meine Antwort auf diesen dritten, den häufigsten Einwand: Auch jetzt, im Alleinbleiben ist das Kriterium der Lebendigkeit leitend. Sich dem zuwenden, was mich am stärksten befeuert, durch und durch belebt. Meiner Arbeit, dem Beruf. Dem Musikmachen. Mich anvertrauen dem Theaterspielen, der Arbeit im Garten, mit den eigenen Händen in der Erde, der Arbeit mit den Türkenfrauen. Sei es die Faszination durch das eigene Kreative, sei es die Freude der sozialen Kommunikation, immer kann ich versuchen, mich an einer einzigen Stelle mit dem Leben zu identifizieren: mit der Natur, mit ein oder zwei Freunden, beim schöpferischen Gestalten, im Spiel.

Das Faszinosum des Lebendigwerdens als das Wichtigste betrachten. Derjenigen Freundschaft, derjenigen Eigentätigkeit sich anvertrauen, die mich tief innen animiert.

Das bleibt, auch wenn die Faszination des

Eros zu einem einzigen Menschen sich vorderhand nicht einstellen will.

Ich lese in den Vätersprüchen: »Sei nicht böse vor dir selber (das heißt, wähne dich nie unerlösbar).« Rabbi Baruch legte diesen Satz so aus: »Jeder Mensch ist berufen, etwas in der Welt zur Vollendung zu bringen. Eines jeden bedarf die Welt. Aber es gibt Menschen, die sitzen beständig in ihren Kammern eingeschlossen und lernen und treten nicht aus dem Haus, sich mit anderen zu unterreden; deswegen werden sie böse genannt. Denn wenn sie sich mit den anderen unterredeten, würden sie etwas von dem ihnen Zugewiesenen zur Vollendung bringen. Dies bedeutet: Sei nicht böse ›vor dir selber‹; gemeint ist: Damit, daß du vor dir selber verweilst und nicht zu den Menschen ausgehst; sei nicht böse durch Einsamkeit.«[6]

Über den hilflosen Moralismus hinaus

Kirchliche Lehre hatte jahrhundertelang die angebliche Überlegenheit der Agape gegenüber dem Eros behauptet, die Agape als gottgegeben und selbstlos definiert und den Eros als unrein, lüstern und egoistisch. Das katholische Mittelalter behauptete dann – auf der Basis jener leibfeindlichen Trennung – die abendländisch-westliche Form der Ehe als Satzung Gottes, ja als Sakrament. »Als von Gott gegebene Lebensgemeinschaft ist die Ehe der Verfügung durch Staat und Gesellschaft entzogen«, erklärt noch 1985 die Kirchenkonferenz der EKD.[7]

Mit dieser sakramentalisierenden Haltung fällt die EKD-Kirchenkonferenz beträchtlich hinter die Reformation zurück. Luther hatte ja energisch gegenüber der klerikalen Besetzung der weltlichen Institution Ehe durch die Herrschaftskirche seinerzeit festgehalten, »das die ehe ein eusserlich weltlich ding ist / wie kleider und speise / haus und hoff / weltlicher oberkeit unterworffen«[8].

Eine weltliche Institution wie die europäische Form der Ehe als Gesetz Gottes hinzustellen, das war ja gerade jene Moraltyrannei, die Luther als kirchliche Herrschaftsanmaßung erkannte und überwinden wollte:

»Mir grawet auch für dem Exempel des Bapst / welcher auch sich am ersten yin dis spiel gemenget / und solche weltliche sachen zu sich gerissen hat / bis so lange / das er ein lauter welt herr ist / über keiser und ko(e)nige worden« (ebd.).

Die Ehe als von Gott gegebene Lebensgemeinschaft, der Verfügung durch Staat und Gesellschaft entzogen? Mit dieser These beraubt sich die EKD der Möglichkeit, neue Lebensformen der Liebe zu begrüßen und sie gegenüber dem gesetzlichen Moralismus beschützend zu begleiten. Statt dessen wird die Ehe, also »ein weltliches Institut, ein Rechtsgeschäft, eine soziale Tatsache, die das Christentum nicht geschaffen hat und die erst im späten Mittelalter zunehmend stärker in die Obhut der kirchlichen Rechtsprechung und der religiösen Ritualisierung geraten ist, auf eine Weise mit dem Glauben verbunden, die für reformatorische Theologie mehr als bedenklich sein muß.«[9]

Die Agape gottgegeben und selbstlos, und der Eros unrein und egoistisch?

Heute, nach so vielen Jahrhunderten dieser bibelfernen Moral-Tyrannei, sehen wir, wie verschlungen beide Lebensformen der Liebe ineinander sind. Die Nächstenliebe ist nicht selbstlos. Aus jedem Altruismus lugt ein Egoismus hervor. Der hilflose Helfer hilft sich selbst ja auch.

Die erotische Liebe auf der anderen Seite ist undenkbar ohne tiefe Nächstenliebe. Vor allem aber spüren wir, deutlicher als die Jahrhunderte vorher, daß die Verwechslungen von Übel sind, besonders die fatale Verwechslung von Eros-Leidenschaft und Nächstenliebe in den Paar-Beziehungen. Die gegenwärtige kirchliche Ehe-Ethik beruht weithin aber gerade auf dieser Verwechslung. Sie werden ein Fleisch sein, sagt demgegenüber die hebräische Bibel in schöner Klarheit vom Liebespaar, die Leidenschaft der Triebe bejahend. Ganz anders die Solidarität, die der barmherzige Samariter praktiziert, die Caritas jedermann gegenüber. Eros ist nicht Caritas. Und wo die ekstatische Liebe erloschen ist und nur noch Fürsorge und gelübdehafte Verpflichtung ein Paar zusammenhalten, da ist es – johanneisch gesprochen – todesnah geworden. Wie viele Paare, die dann noch äußerlich verbunden bleiben, aber innen los sind voneinander. Nebeneinander her leben. Verbunden nur noch über die gemeinsame Lebensgeschichte, über die Kinder, das Haus, über das Geld, übers kommende Alter. Nicht verbunden durch die leidenschaftliche, die umfassende Liebe.

Lebensvolle Trauer

Einem Partner solidarisch treu sein und sich selbst, seinem eigenen Lebenswunsch treu werden – das kann in den Konflikt führen. Trennung kann unter diesen Umständen ein Schritt ins Freie sein, Ausdruck der Reife, mag Schuldgefühl noch so bleiern herunterziehen und Schmerz noch so quälen. Ja, je mehr wir uns auf den Eros-Konflikt einlassen, desto sicherer treffen wir auch auf den Schmerz.

Der Schmerz – keine Liebe wird ihm entgehen. Auch der Schulderfahrung nicht. Der, der geht. Aber auch der, der bleibt. Beide sind und werden immer auch schuldig. Am anderen. Und an sich selbst.

Trotzdem, der Entschluß, sich zu trennen, stellt in vielen Fällen die eigene Würde aller Beteiligten wieder her.

»Die Einsamkeit an seiner Seite war mir qualvoller als mein Alleinsein jetzt, nach der Trennung«, schreibt eine Bekannte.

Eheberater berichten: Selbst wenn niemand

Neues da ist, empfinden Liebesleidende die Trennung durchaus auch als Befreiung. Um der eigenen inneren Würde willen und um die Würde des Partners wiederherzustellen, ist es in den meisten Fällen kathartisch notwendig, eine Entscheidung herbeizuführen. Es geht darum, aus der Zerrissenheit wieder in die Einhelligkeit des Lebens zu kommen, aus der existentiellen Inauthentizität in die persönliche Wahrheit zu gelangen, sofern Wahrheit, A-letheia, der griechischen Sprachwurzel nach, die Un-Verborgenheit der Existenz meint.

Liebe deinen Nächsten wie dich selbst – die eigene innere Würde achten, sich auch darin treu werden, das ist letztlich ein Versuch, auch den zweiten Teil des Liebesgebots ernst zu nehmen, sich selbst gegenüber.

»Würden alle Menschen sich auf die Liebe einlassen«, sagt die alte Weisheit der Chassidim, »dann müßten wir nicht mehr auf den Messias warten.« Das Reich des Himmels wäre schon da.

Anders gesagt: Sich auf die Liebe einlassen, das hieße, das Faszinosum des Lebendigwerdens als das Wichtigste zu begreifen.

Wo das Erstarrte zum Winter geworden ist, muß ich auf einen Frühling setzen, nicht auf das Festhalten der Eisschollen. Diesem Wind einer kommenden Frühe möchte ich folgen. Wohin sonst?

Anmerkungen

1 SAM KEEN, Im Niemandsland zwischen Romantik und Sex, in: Liebe, Freundschaft und so weiter, Weinheim 1988, S. 7.
2 DOROTHEE SÖLLE, lieben und arbeiten. Eine Theologie der Schöpfung, Stuttgart 1985, S. 157 f.
3 HERRAD SCHENK, Liebe ist die Basis, in: Liebe, Freundschaft und so weiter, Weinheim 1988, S. 30 f.
4 DIETRICH BONHOEFFER, Widerstand und Ergebung, München 1955, S. 22 f.
5 ELIE WIESEL, Chassidische Feier, Freiburg 1988, S. 41.
6 MARTIN BUBER, Die Erzählungen der Chassidim, Zürich 1949, S. 182; vgl. Hans-Eckehard Bahr, Alleinsein. Ich höre auf das Leise, Stuttgart ³1989.
7 Die Ehe des Pfarrers und der Pfarrerin. Überlegungen der Kirchenkonferenz der Evangelischen Kirche in Deutschland, in: EKD-Texte 12, Hannover 1985, S. 19.
8 MARTIN LUTHER, Von Ehesachen, WA 30/III, S. 205.
9 MANFRED JOSUTTIS, Der Traum des Theologen, München 1989, S. 224.

Verena Kast

LOSLASSEN UND ABSCHIEDLICH LEBEN

*Es gibt eine Zeit fürs Geborenwerden
und eine Zeit fürs Sterben,
eine Zeit fürs Pflanzen
und eine Zeit, das Gepflanzte auszureißen ...«*

Diese Formulierungen in Prediger 3 könnte man ergänzen:

*»Es gibt eine Zeit, festzuhalten,
und eine Zeit, loszulassen ...«*

Der Verfasser dieser Zeilen folgert aus der Tatsache, daß es offenbar immer eine Zeit für das Leben und eine Zeit für den Tod gibt im Leben:

»Da erkannte ich: Es gibt für den Menschen kein anderes Gut, als sich zu freuen und es sich wohl sein zu lassen in seinem Leben« (Prediger 3, 12).

Daß es kein anderes Gut gibt als die Freude, wird also nicht nur im Zusammenhang gesehen mit dem Pflanzen, mit dem Geborenwerden, mit der Zeit der Liebe, sondern es wird ausdrücklich daraus geschlossen, daß wir im Leben immer schon von Leben und Tod umgeben sind, daß Leben und Tod, beide gleichermaßen bedeutsam, die Rhythmen des Lebens bestimmen. In einem solchen Denken kann man sich als Mensch niederlassen – gelassen; Leben und Tod bestimmen den Grundrhythmus des Lebens; man braucht also weder das Leben zu vermeiden noch den Tod. Es hat alles seine Zeit und seine Berechtigung. Kann man Leben so sehen, so kann man sich freuen und es sich wohl sein lassen.

Es gibt eine Zeit, loszulassen

Ich spreche vor allem deshalb von Loslassen, weil ich davon ausgehe, daß wir Menschen eher die Tendenz haben, festzuhalten, daß wir Mühe haben, das Leben in die Veränderung hinein freizugeben, daß wir letztlich den Tod nicht akzeptieren wollen und daß wir gerade deshalb so leicht starr und unlebendig werden. Wir halten fest an unseren Ideen, an den Vorstellungen von uns selbst, an den Anforderungen an uns selbst und an die anderen, an unseren Beziehungen und so weiter, ohne daran zu denken, daß wir uns alle verändern, uns wandeln. Wir verweigern uns gerade dem Lebensgefühl, daß alles seine Zeit hat, daß wir genießen dürfen, uns freuen dürfen, und dann auch wieder Abschied nehmen müssen von Vertrautem, Abschied nehmen dürfen, uns auf Neues einstellen müssen und dürfen.

Erfahrungen mit Loslassen

Vom Körper her erleben wir das Loslassen als Ausatmen. Haben wir den Atem einmal losgelassen, können wir vielleicht sogar eine Atempause spüren, dann atmet es von selbst wieder ein. Ums Einatmen müssen wir uns nicht kümmern, wohl aber ums Ausatmen. Halten wir nicht manchmal etwas den Atem an? Und halten wir uns dabei nicht auch zurück? In engem Zusammenhang mit dem Ausatmen steht das Loslassen der Spannung im Körper.

Loslassen. Eine Hand loslassen, die festgehalten hat, die uns fest gehalten hat, *fest gehalten* hat: eine leere Hand nun. Eine Hand, die allein ist, bei sich. Eine Hand, die sich selbst anfassen, die Welt anfassen kann, die sich auch wieder ausstrecken kann, zu anderen Menschen hin. Es ist aber nicht gewiß, ob diese Hand auch wieder ergriffen wird – und: Wer hält uns jetzt fest?

Loslassen. Eine Anforderung an uns selbst, die wir vielleicht früher bewältigt hätten, die wir aber in der jetzigen Lebenssituation nicht mehr bewältigen. Oder eine Anforderung, die wir nie bewältigt haben, die schon immer zu groß war für uns. Das Eingeständnis, daß es nicht mehr die Zeit für diese Art von Anforderungen ist, dieses Loslassen ist von Erleichterung und Trauer begleitet.

Loslassen. Überholte Vorstellungen von uns selbst: etwa, daß wir besser sind als andere. Uns selbst sehen als Menschen mit menschlichen, allzu menschlichen Zügen, mit unseren Schattenseiten, und diese dann in der Folge nicht mehr nur bei den anderen sehen und bekämpfen. Sehen, daß auch wir zur Gewalt neigen, und damit umgehen, statt daß wir sie auf andere projizieren, uns dann durch diese Menschen bedroht fühlen und Abschreckungsarsenale gegen die Bedrohung auffahren. Uns immer mehr so sehen, wie wir auch sind, und dafür die Verantwortung übernehmen: Das wäre ein wichtiger Beitrag zur Friedensfähigkeit.

Aber was ist dann, wenn wir losgelassen haben von diesem idealisierten Bild von uns? Erleben wir die Befreiung, die aus mehr Echtheit entspringt? Oder erleben wir die Depression, weil wir uns so nicht mehr für liebenswert halten?

Loslassen. Menschen, die uns verlassen haben in den Tod hinein, ins Leben hinein, zu anderen Partnern und Partnerinnen hin: Wir können sie festhalten in unseren Gedanken, mit unserem Haß; indem wir sie festhalten, bleiben wir an sie Gebundene, Festgehaltene. So können wir uns dem Leben nicht mehr öffnen, uns nicht mehr neu einlassen aufs Leben. Loslassen brächte die Freiheit, die Erleichterung – oder nur den Horror der Einsamkeit?

Loslassen macht uns angst. Es verunsichert uns, trifft uns in unserem Selbstgefühl. Deshalb halten wir fest, denn was man hat, das hat man, das kennt man, das hält man lieber einmal fest. Es kann uns zwar entlasten, wenn wir loslassen, aber was wird sein, wenn wir losgelassen haben? Wer füllt uns die leeren Hände? Wer will unsere Hand halten? Welches Bild von uns selbst taucht auf, wenn wir einwilligen, älter zu werden, sterblich zu sein?

Loslassen meint lassen, die Anstrengung aufgeben, ge-lassen die Notwendigkeiten des Lebens akzeptieren.

Loszulassen bringt uns einerseits Entlastung, eine Atempause, die Möglichkeit, innezuhalten, und dabei sich selbst inne zu werden. Loszulassen bringt aber auch Schmerz; wir müssen in einen Verlust einwilligen, wo wir doch auf Gewinnen aus sind. Loslassen macht angst. Die bange Frage stellt sich, was nachkommen wird und wie wir damit umgehen werden.

Dem Loslassen folgt zunächst ein Moment der Offenheit, der Möglichkeit, sich neu einzulassen auf das Leben. Die Angst ist die Furcht, daß nichts Neues mehr wird oder wir uns mit dem Neuen nicht wohl fühlen. Loslassen zu können ist eine Frage an unser Vertrauen. Vertrauen wir darauf, daß Zukunft grundsätzlich offen ist? Daß wir immer mit Unverhofftem rechnen können und rechnen müssen? Und trauen wir uns selbst zu, daß wir mit dem Neuen zurechtkommen? Daß wir auch in für uns zunächst unangenehmen Situationen Herausforderungen sehen können, die uns letztlich mit einem Gefühl von Kompetenz, neuem Selbstwert und neuer Würde zurücklassen.

Die Zukunft ist grundsätzlich offen. Sie kommt auch, wenn wir sie gar nicht haben wollen. Sie ist nicht zu vermeiden. Wir werden jeden Tag älter. Neue Lebensaufgaben stellen sich uns, neue Probleme, neue Ideen, neue Menschen tauchen auf, neue Faszinationen ergreifen uns.

Kommt etwas Neues? fragen wir mit übervollen Händen und haben gar keine Hand frei, um das Neue zu ergreifen. Das Neue stört dann; mehr als voll können Hände nicht sein.

Das Leben stellt immer neue Anforderungen an uns. Können wir uns nicht auf sie einlassen, weil wir aus Angst davor am Alten festhalten, können wir in eine Krise geraten.

Nehmen wir als Beispiel das Älterwerden. Jedes Alter hat seine Anforderungen, die wir erfüllen müssen. Im mittleren Lebensalter (35 bis 50) zum Beispiel müssen Menschen zur Kenntnis nehmen, daß eine jüngere Generation heranwächst und Verantwortung, die sie wohl anders definiert, mitträgt. Menschen im mittleren Lebensalter können diese Tatsache akzeptieren, vielleicht sogar mit Dankbarkeit wahrnehmen, daß nicht mehr alles auf ihren Schultern liegt. Aber sie können auch versuchen, an den alten Verhältnissen festzuhalten, indem sie mit »der Jugend« rivalisieren, zum Ausdruck bringen, daß sie allemal noch die Besseren sind, das Sagen allein haben. So geraten sie in eine Krise. Sie verwickeln sich in Kämpfe, die sie nicht gewinnen können, bringen sich um Gemeinschaftserlebnisse, um Zusammenarbeit, um das Erlebnis, daß man miteinander stärker ist und daß das Leben weitergeht, auch wenn sie nicht mehr überall das Sagen haben. Sie bringen sich aber auch um die Möglichkeit, in mehr Ruhe nachzudenken. Statt dessen grämen sie sich darüber, daß sie nicht mehr jung sind, nicht mehr geschätzt sind und so weiter.

In Krisen geraten wir, wenn etwas Neues in unser Leben herein will und wir nicht rechtzeitig vom Alten lassen können.[1] Solange wir leben, gibt es die Zukunft und damit Neues, Überraschendes. Damit müssen wir rechnen, darauf können wir auf jeden Fall vertrauen.

Wie sieht es aber aus mit dem Vertrauen in uns selbst, diese neuen Situationen zu bewältigen? Um diese Frage zu beantworten, möchte ich etwas ausholen.

Abschiedliche Existenz als Grundeinstellung zum Sich-Einlassen und Loslassen

Da der Tod wirklich eine Realität im Leben ist, geht es im Leben immer um Trennung, auch um Abschiednehmen. »Wir müssen lernen, ins Leben hineinzusterben oder mit dieser Art von Sterben umgehen.«[2] Da der Tod als ständige Veränderung immer auch schon unser Leben mitbestimmt, müssen wir immer wieder bereit sein, Abschied zu nehmen, loszulassen, »abschiedlich« zu existieren. Ein Ausdruck, den Wilhelm Weischedel geprägt hat: abschiedlich im Hinblick auf die Welt, aber auch abschiedlich im Blick auf uns selbst.[3]

Dieses abschiedliche Existieren ist aber nicht geprägt von Gleichgültigkeit, sondern von einer großen Offenheit, von Verantwortlichkeit und vom Willen zur äußerst möglichen Gestaltung des Daseins. Denn es geht bei der abschiedlichen Existenz nicht nur um Loslassen, es geht ebenso sehr um Sich-Einlassen.

Gerade dann, wenn Leben abschiedlich gelebt wird, ist es wesentlich, sich auch auf das Bleibende zu besinnen. Wenn wir loslassen, verlieren wir nicht nur, wir gewinnen auch. Wir gewinnen Freiheit zur Neugestaltung, wir gewinnen aber auch uns selbst: Gerade durch die vielen Veränderungen im Leben entfaltet sich unser Wesen, zeigt sich unser Wesen immer besser, zeigt es sich auch, was uns in den unterschiedlichen Beziehungen, in den verschiedenen Phasen unseres Lebens geprägt hat. Unser Wesen wird durch die Veränderungen im Leben plastisch greifbar.

Wenn Abschiedlichkeit radikal gefordert wird, dann müssen wir so loslassen lernen, daß wir dabei unsere Identität nicht nur nicht verlieren, sondern sie bewußter erleben; daß wir spüren, daß wir durch alle Veränderungen hindurch auch wir selbst bleiben. Identität ist hier verstanden als Gefühl der Bemühung um Eins-Sein mit sich selbst als gewordener und als werdender Mensch. Die Identität formt sich immer wieder neu aus dem Geöffnetsein und dem Sich-Einlassen eines Ichs zur Tiefe hin, zu den Menschen und hin zur Welt. Jede dieser Neuformungen ist ein Zusatz zu schon

Bestehendem, ist eine Verhaltensmöglichkeit mehr, die an sich selbst beobachtet, erlebt werden kann, auf die man sich verlassen kann. Sich auf sich selbst verlassen zu können heißt aber auch, weniger Angst zu haben.

Wir müssen so loslassen lernen, daß wir das Gefühl für unsere Identität nicht nur nicht verlieren, sondern es gerade gewinnen. Daraus würden wir auch das Vertrauen gewinnen, daß wir mit der Zukunft zurechtkommen und damit auch weniger Angst haben, die uns lähmt. Nur so viel Angst haben, daß sie uns herausfordert.

Ausgehend von der Extremsituation des Loslassen-Müssens, dem Loslassen eines geliebten Menschen in den Tod hinein und der damit verbundenen Wirkung auf unser Identitätserleben, können wir auch Hinweise bekommen, wie wir mit unserem alltäglichen Loslassen umgehen können. Das Gefühl der Trauer zeigt uns, wie schmerzlich Loslassen für uns sein kann. Der Trauerprozeß zeigt uns, wie wir uns von den Menschen ablösen können, die wir verloren haben, und als Abgelöste wieder wagen, uns auf das Leben einzulassen. Ich habe den Trauerprozeß eingehend in meinem Buch »Trauern« beschrieben; hier sei nur

soweit darauf Bezug genommen, als diese Gedanken uns helfen können, loslassen zu lernen.

Loslassen muß man aus der Bindung heraus
verstehen, aus dem Sich-Einlassen. Wenn wir
uns auf einen Menschen einlassen, mit ihm zu-
sammenleben, dann wachsen wir zusammen,
und wir wachsen miteinander. Wir erleben
uns als miteinander verbundene Menschen
und entwickeln so etwas wie ein »Gemeinschafts-Selbst«, das unser individuelles Selbst
übergreift, ohne dieses zu ersetzen. Dieses Gemeinschafts-Selbst hat verschiedene Aspekte:
Vordergründig ersichtlich ist es an der gemeinsamen Geschichte, an der gemeinsamen
Gestaltung des Lebens, allenfalls auch an den
gemeinsamen Kindern, den konkreten, den
ideellen. Etwas verborgener tritt es uns in den
Projektionen entgegen, die wir gegenseitig
machen und die uns zu Auseinandersetzungen
zwingen; dann auch an den Delegationen, der
Möglichkeit, sich von seinem Partner/seiner
Partnerin in Handreichungen, aber auch in
Charakterzügen, die einem selber unangenehm sind, vertreten zu lassen. Zutiefst aber
besteht ein Gemeinschafts-Selbst aus der
Phantasie einer Ganzheit, von der man meint,
daß sie mit diesem Menschen zusammen er-

reichbar ist, und die darin sichtbar wird, daß der Partner/die Partnerin tief verschwiegene Seiten in uns beleben kann, diese ins Leben rufen kann, die ohne ihn oder sie brachliegen würden. Dieses Beleben von unbewußten Seiten kann auch sehr unangenehm sein, zumindest fühlt es sich aber schicksalhaft an. Wir wissen dann, daß wir uns gegenseitig in einer größeren Tiefe ansprechen. Projektionen, Delegationen, vor allem aber die Beziehungsphantasien[4] weisen darauf hin, daß in diesem Gemeinschafts-Selbst die tiefsten Sehnsüchte und Möglichkeiten unserer Seele ihren Ausdruck finden.

Stirbt nun ein Mensch, mit dem wir in einem Gemeinschafts-Selbst verwurzelt sind, oder tritt er sonst aus unserem Leben, dann kann dieses Miteinander-Wachsen und das Zusammenwachsen nicht mehr stattfinden. Es entsteht ein Bruch. Unser Gemeinschafts-Selbst zerbricht, wir müssen uns auf unser individuelles Selbst zurückbesinnen. Deshalb fühlen wir uns zerrissen und manchmal zerbrochen. Dieses Zurückbesinnen auf unser individuelles Selbst geschieht im Trauerprozeß, durch den wir die Gefühle über einen Verlust ausdrücken, und gleichzeitig diesen Verlust verarbeiten. Wir finden uns selbst wieder zurecht im Leben als Menschen, die etwas verloren haben, die sich dadurch beraubt vorkommen, gekränkt sind, in ihrer Identität verunsichert. Der Trauerprozeß ist ein fortgesetzter Prozeß des Loslassens.

Das Loslassen beginnt damit, daß wir verstärkt festhalten, uns den Verlust nicht eingestehen wollen oder meinen, es gehe trotz des Verlusts weiter wie bisher. Hier zeigt sich eine erste Klippe: Leben wir weiter, als hätten wir nichts verloren, verlieren wir den Sinn für das Bestehende: Alles wird unwirklich, entwertet, nichts ist mehr bedeutsam genug, um wirklich etwas zu bedeuten. So wird unser Leben bedeutungslos. Anstrengungen, Opfer gar, um Veränderungen herbeizuführen, werden als unnötig, als zu mühsam erachtet. Sich nicht einzugestehen, daß man etwas oder jemanden verloren hat, daß man loslassen muß, bedeutet zu resignieren. Es ist der Weg der Entwertung des Daseins in die Resignation.

Wird uns bewußt, daß wir doch loslassen müssen – oder bereits losgelassen sind –, reagieren wir mit verschiedenen heftigen Gefühlen: mit Angst, Wut, Sorge, Trauer, Schuldgefühlen, Sehnsucht nach dem alten Zustand und so weiter. Diese Emotionen bringen uns in Kontakt mit uns selbst, geben uns das Gefühl einer schmerzhaften zerrissenen Lebendigkeit. In diesem Zustand beginnen wir das Losgelassene noch einmal in unserer Phantasie auferstehen zu lassen, akzeptierend, daß in der Welt der Konkretion keine Verbindung mehr besteht. In der Erinnerung lassen wir noch einmal die gemeinsame Geschichte an uns vorbeiziehen. Dann sehen wir, wie Sternstunden mit Stunden der größten Dunkelheit abgewechselt haben. Im kritischen Erinnern, daß das gemeinsame Leben auch als Wirkung zweier Menschen aufeinander begreift, als gegenseitiges Aufeinander-eingewirkt-Haben, nehmen wir Projektionen zurück, finden wir heraus, wo wir etwa unangenehme eigene Persönlichkeitszüge dem Partner/der Partnerin angelastet haben, ihn/sie vielleicht sogar dazu gebracht haben, den Delegationen entsprechend und nicht seinem/ihrem Wesen gemäß zu handeln. Vor allem aber werden wir herausfinden, was Partner/innen in uns geweckt haben, was sie in uns bewegt haben, stimuliert haben, was sie aus uns herausgeliebt haben. Was durch das Leben – oft auch nur durch eine Begegnung – mit Menschen in uns belebt, geweckt worden ist und dann in der Folge auch Gestalt angenommen hat im Leben, müssen wir nicht verlorengeben, auch wenn wir diese Menschen verloren haben, es ist unverlierbarer Teil unserer Identität und unseres Identitätserlebens geworden.

Wenn wir dergestalt die Essenz des Gemeinsamen in unserer Erinnerung auch gefühlsmäßig präsent haben, als zugehörig zu unserer eigenen Identität erleben, können wir loslassen, sind wir offen für andere Menschen, für die Umwelt. Der Trauerprozeß entbindet Phantasien und damit auch Hoffnung für die Zukunft. Verweigern wir uns der Trauer, dann bleibt unsere Phantasie ans Vergangene gebundene, ist nur Erinnerung und keine Erwartung mehr.

Der Trauerprozeß, und an ihm besonders das Zulassen der verschiedenen heftigen Gefühle, und das Herausspüren von dem, was belebt worden ist in unserer Seele durch das, was wir jetzt verloren haben, kann als Modell gelten für die Möglichkeit, jeweils so loszulassen, daß wir unserer Identität – trotz des Schmerzes – sicherer sind und uns mit unseren Gefühlen verbunden fühlen.

Das Loslassen von Unerfülltem

Grundsätzlich können wir besser loslassen, wenn wir uns zuvor auch wirklich eingelassen haben. Wir wissen dann, daß wir eine Beziehung, eine Phase, ein Interesse auch wirklich ausgeschöpft haben. Das heißt nun aber nicht, daß wir nur von erfüllten Zeiten Abschied nehmen sollen und können, dann, wenn man genug hat und satt ist. Es gilt gerade auch von unerfüllten Zeiten Abschied zu nehmen. Sind die Zeiten unerfüllt, haben wir die Tendenz, sitzen zu bleiben, hartnäckig zu warten, bis sich etwa ein Wunsch doch noch erfüllt. So gibt es zum Beispiel viele Menschen, die immer noch erwarten, daß sich ihre Eltern so einfühlend zeigen, wie sie es sich gewünscht hätten, und so bleiben sie, lange über die Zeit hinaus, die dafür gut ist, noch in der Kinderrolle. Sie erwarten beharrlich etwas, das nicht eintritt, sind trotzig, enttäuscht und wissen doch, daß es nicht eintreten kann. Man muß sich eingestehen, mit Wehmut und vielleicht auch Ärger, daß gewisse, auch berechtigte Wünsche nicht erfüllt worden sind, aber auch, daß man selber gewisse Ideale nicht erfüllt hat und nicht erfüllen konnte. Eines Tages muß man sich eingestehen, daß es sinnlos ist, Idealen nachzujagen, die zu weit von unseren Möglichkeiten entfernt sind. Es gilt, loszulassen, die Gefühle, die damit verbunden sind, zuzulassen und zu akzeptieren. Auch in dieser Situation ist es möglich, herauszufinden, wie diese unerfüllten Zeiten auf uns gewirkt haben, was sie in uns belebt haben, wie diese selbst verborgene Seiten von uns offengelegt haben. Wir werden uns über die unerfüllten Zeiten nicht freuen können, aber wir können sie akzeptieren, wenn wir uns selbst auch in unserer Endlichkeit akzeptieren können. Können wir diese unerfüllten Zeiten loslassen, dann können wir uns wieder neu einlassen aufs Leben.

Der Moment des Loslassens

Unklar bleibt, wann der richtige Moment des Loslassens gekommen ist. Das ist eine Frage der Persönlichkeit und des Gespürs. Der Persönlichkeit: Es gibt Menschen, die zu leicht loslassen, zu schnell etwas verloren geben. Andere wollen nicht loslassen, nichts verloren geben.

Sich-Einlassen und Los-Lassen – das Bild von Sisyphos bietet sich hier an: Mit aller Kraft stemmt er den Stein (die jeweilige Lebensaufgabe), dann aber wird dieser überschwer, und Sisyphos muß den Stein loslassen – und ihn erneut stemmen.[5]

Die Überschwere kann man aber nur spüren. Manchmal geht es auch nicht um Überschweres, sondern um das Gefühl, daß sich Lebenseinstellungen, -haltungen und -interessen erschöpft haben. Auch das kann man nur spüren, als Leere etwa.

Den Moment des Loslassens können nur wir selbst bestimmen. Er kann nicht von außen bestimmt werden – und wir werden auch unserem Wesen gemäß immer mit leichter Hand zu rasch loslassen oder mit schwerer Hand zu lang festhalten.

»Es gibt für den Menschen kein anderes Gut, als sich zu freuen«

Das Zulassen der Trauer ist die Voraussetzung dafür, daß wir uns auch freuen können. Nur wenn wir wissen, daß wir mit Verlusten leben können, daß wir sie überleben, daß sie uns, auch wenn wir sie als sehr unangenehm erleben, neue Seiten an uns erschließen, können wir uns richtig einlassen auf unser Leben und uns daran freuen. Wenn wir es verstehen zu trauern – und es ist weiß Gott schwierig –, müssen wir uns nicht aus Angst vor den Verlusten aus dem Leben heraushalten. Nur wenn wir loslassen können, können wir uns auch einlassen. Das Sich-Einlassen aber ist meistens mit Freude verbunden. Wenn wir Menschen einmal begriffen haben, daß Sich-Einlassen und Los-Lassen einander immer wieder folgen, können wir in Freude und Gelassenheit tun, was not tut.

Anmerkungen

1 VERENA KAST, Der schöpferische Sprung. Vom thera-
  peutischen Umgang mit Krisen, Olten 1987.
2 VERENA KAST, Trauern. Phasen und Chancen des psy-
  chischen Prozesses, Stuttgart 1982, S. 142.
3 WILHELM WEISCHEDEL, Skeptische Ethik, Frankfurt
  1976.
4 VERENA KAST, Paare. Beziehungsphantasien oder Wie
  Götter sich in Menschen spiegeln, Stuttgart 1984.
5 VERENA KAST, Sisyphos. Der alte Stein – der neue
  Weg, Stuttgart 1986.

Der Wert der Frauenfreundschaft.

Die besten und wertvollsten Beziehungen unserer Kultur sind die zwischen Freundinnen! Gestützt auf 100 Interviews mit Frauen zwischen 20 und 60 Jahren, untersucht Verena Kast die Beziehungsqualität in Frauenfreundschaften und kommt zu dem Ergebnis, daß in der Beziehung zur besten Freundin die höchsten Werte menschlicher Gemeinschaft verwirklicht sind.

Verena Kast
Die beste Freundin
Was Frauen aneinander haben
220 Seiten, gebunden